LA AUTOESTIMA, UNA TRAMPA PARA EL AMOR

LUCRECIA REGO DE PLANAS

INTRODUCCIÓN

– ¿Para qué lees esto? ¡La autoestima no es cristiana! – dije, tomando el libro que mi amiga acababa de poner sobre la mesa.

Se trataba de un ejemplar de pasta dura en el que se leía con grandes letras azules sobre fondo blanco: "Convierte a tu hijo en un triunfador" y en letras más pequeñas: "Diez consejos para elevar la autoestima de tus hijos", escrito por una Dra. Scott, psicoanalista y terapeuta de una Universidad inglesa.

Fue muy notorio el respingo que dieron y la expresión de escándalo con la que me voltearon a ver todos los presentes al escuchar mi frase, a la que yo no encontraba nada de extraño. Al ver la reacción y sentir las miradas que me traspasaban como cuchillos ardientes, alcé un poco los hombros, sonreí tímidamente y mirando un poco a todos, repetí de manera pausada:

– Pues… de verdad… la autoestima NO es cristiana!

Estábamos en una reunión en la que había padres y madres de familia, algunos de ellos psicólogos, católicos todos y todos practicantes. Y no digo practicantes de "misa de domingo", sino de esos practicantes de verdad practicantes: de misa diaria y confesión quincenal, de Ejercicios espirituales anuales, dirección espiritual y formación continua. Digamos que se trataba de un público sumamente selecto.

Días más tarde me enteré del porqué de la violenta reacción ante mi frase. Resultó ser que varias mamás de las ahí presentes estaban llevando a sus hijos con los psicólogos, también presentes, por haber sido diagnosticados en el colegio (católico, por supuesto) con un problema de "baja auto estima" y, claro, el dinero salía del bolsillo de las mamás y se iba al de los psicólogos, para pagar las terapias enfocadas a "elevar la autoestima" que les estaban aplicando a sus pequeños retoños.

Peor aún... luego me enteré de que uno de los psicólogos ahí presentes vive de impartir talleres de autoestima a maestros, alumnos y padres de familia. Digamos que... sin yo saberlo, toqué fibras sensibles, extremadamente sensibles.

Eran mis amigos… Y digo "eran" porque no sé si lo seguirán siendo después de aquella noche. Pero como yo no sabía en ese momento la historia de las terapias y los talleres, tranquilamente expliqué por qué había dicho lo que había dicho.

Fue un discurso más corto que el que pondré ahora, pero… a final de cuentas, fue más o menos lo mismo.

Ahora quise ponerlo por escrito, sólo por si hay algunos más que piensen que la autoestima, de la que tanto se habla hoy en día, es compatible con el cristianismo.

1. ¿De dónde viene el término "autoestima"? ¿Cuál es su origen?

El término "autoestima" que viene del inglés "self-esteem" fue inventado por Sigmund Freud, y difundido luego por Carl Jung y Carl Rogers, que de católicos… no tienen absolutamente nada y que está comprobado el daño real que han hecho a la Iglesia y al mundo entero con sus teorías. Para saber más de este tema, ir a:

www.sedin.org/propesp/X0163_ju.htm

Para Freud, la religión es una neurosis infantil www.freud.org.uk/religion.html que impide crecer al hombre y llegar a su madurez. Dice que es algo inventado por el hombre para apaciguar su angustia y llenar su necesidad de protección.

Según él, Dios-Padre es el fantasma del hombre-niño que no se atreve a afrontar su realidad y que busca un refugio para su sentimiento de culpa. La autoestima es la liberación de ese Dios-fantasma y al desarrollarse, permite el crecimiento de la persona como adulto autónomo, sin Dios ni religión.

"Yo soy", "Yo tengo", "Yo puedo", "No necesito de nadie", "Todo me lo merezco" … fomentar la autoestima es fomentar el orgullo, la soberbia, la avaricia, la codicia, la lujuria… porque en ella, el centro es el "Yo" y todo es autocomplacencia del yo.

Pero no es el caso ahora hablar de los errores de Freud, pues ya muchos lo han hecho: el P. Antonio Orozco Desclós

www.mercaba.org/Filosofia/Freud/un_mito_creador_de_mitos.htm

y el Dr. Aquilino Polaino

es.catholic.net/psicologoscatolicos/295/719/articulo.php?id=26839

en varios de sus libros.

Principalmente Rudolf Allers (1883-1963) www.rudolfallers.info/index.htm lo ha explicado de manera magistral en su libro What´s wrong with Freud?

Basta decir por ahora, para los fines de este artículo, que el origen del término "autoestima" no es cristiano y su significado original, tal como fue concebido por Freud y que es el que se promueve en la sociedad actual en libros, revistas, programas, talleres, clínicas, cursos y terapias de autoestima, tampoco es cristiano.

2. La autoestima es contraria a las enseñanzas de Cristo

La autoestima, tal como la concibió Freud y tal como se presenta en los talleres y libros que están de moda, dice "ámate a ti mismo" y Jesucristo, por el contrario, dice "niégate a ti mismo":

"El que quiera venir en pos de mí, niéguese a sí mismo, tome su cruz y sígame enseguida, porque el que no toma su cruz y me sigue, no es digno de mí"

Jesús no dice ÁMESE a sí mismo, sino NIÉGUESE a sí mismo. ¿Necesitamos más comprobación que eso?

He visto en algunas clínicas de autoestima, que, para ganar clientes católicos, utilizan en sus anuncios a Jesucristo, arguyendo que Él nos dijo que te tienes que amar a ti mismo para amar a los demás y para esto, citan la frase: "Amarás a Dios sobre todas las cosas y a tu prójimo como a ti mismo"

Pero, si nos fijamos bien, el mandamiento es amar a Dios y amar al prójimo. El "como a ti mismo" es sólo el modo de hacerlo. Y por supuesto, no es lo mismo decir "Ama a tu prójimo como a ti mismo" que "Ámate a ti mismo para poder amar a tu prójimo".

Es un simple truco de mercadotecnia que nos engaña fácilmente.

Si seguimos leyendo el Evangelio, vemos que cuando Jesús dice eso, completa la frase diciendo "En esto se resumen la Ley y los profetas"

La ley hebrea se resume en esos dos mandamientos, pero es una ley todavía incompleta e imperfecta.

Jesucristo nos dice más adelante: "No he venido a abolir la ley, sino a perfeccionarla" y la perfeccionó, sí que la perfeccionó, dándonos un nuevo mandamiento, el Mandamiento del Amor: "Un nuevo mandamiento os doy: Que se amen los unos a los otros, como Yo los he amado"

Jesús sustituye el "como a ti mismo" por algo mucho más ambicioso y perfecto: "como Yo los he amado".

¿Y cómo nos amó Jesucristo? Entregándose a sí mismo, olvidándose por completo de sí, renunciando a todo por amor a nosotros… y siendo obediente hasta la muerte y una muerte de cruz.

Los que defienden sólo el "amar a los otros como a nosotros mismos", sin tomar en cuenta el nuevo mandamiento, se quedaron antes de Jesucristo (están un poco pasados de moda), se quedaron en la Ley Antigua, en la ley del talión "Ojo por ojo y diente por diente" o en la ley mínima de "No hagas a otros lo que no quieras que te hagan a ti"

Se quedan cortos, cortísimos, pues el amor que nos predicó Jesucristo, con su Palabra y con su vida, va mucho más allá de amar a los otros "como a nosotros mismos". Lo novedoso, lo actual, es amarnos unos a otros tal como Jesús nos amó.

"Éste es el mensaje revolucionario de Cristo, por el que sus discípulos son puestos en disyuntiva de negarse a sí mismos, de dominar y sublimar sus egoísmos brutales para servir desinteresadamente a sus semejantes, o simplemente, de renunciar a ser discípulos suyos. Y no quiso dejar lugar a dudas: lo afirmó con la palabra, llamándolo su mandamiento nuevo, distintivo de cuantos quisieran seguirle, y lo confirmó con obras, muriendo en la cruz en acto de servicio amoroso, el más grande, a los hombres, y de glorificación humilde a su Padre celestial."
(MMLC, 22 de abril de 1973)

3. El Evangelio nos enseña lo opuesto a la autoestima

Bastan, para comprobarlo, algunas frases y escenas sacadas del Evangelio:

"El que se enaltece, será humillado y el que se humilla será enaltecido"

"Quien quiera ganar su vida, la perderá y quien la pierda por amor a mí, ése la ganará"

"El que quiera ser el primero entre vosotros que sea el servidor de todos"

"Los primeros serán los últimos y los últimos serán los primeros"

"Nadie tiene mayor amor que el que da la vida por los amigos"

"Si el grano de trigo no cae en la tierra y muere no dará fruto, pero si muere dará mucho fruto"
"No he venido a ser servido, sino a servir"

Jesús reprueba la actitud del fariseo: "Oh Dios, te doy gracias porque no soy como los demás..." y alaba, en cambio, la actitud del publicano, que no se sentía digno: "Apiádate de mí, que soy pecador". Reprueba al que tiene una "elevada autoestima" y alaba al de la "baja autoestima".

Alaba la actitud del centurión que se declara indigno "Señor, yo no soy digno de que entres en mi casa".

Le concede el favor a la mujer moabita que acepta ser comparada con un perro: "Los perrillos también comen las migajas que caen de la mesa de sus amos".

Perdona los pecados a la mujer pecadora que se lanza a sus pies, "con la autoestima hasta el suelo" y en cambio, reprueba la actitud de Simón el fariseo, quien por tener "una elevada autoestima" se olvida de ofrecerle agua a Jesús para que se lavase los pies.

Hay más actitudes del cristiano, tomadas del Sermón de la Montaña, que resultan impensables para alguien que tenga "un elevado concepto de sí mismo" que es lo que ofrecen los cursos y talleres de autoestima:

"Ama a tus enemigos, haz el bien a los que te odian"

"Al que te roba el manto, dale también la túnica"

"Al que te golpea en una mejilla, preséntale también la otra"

"Al que te obliga a acompañarlo una milla, acompáñalo dos"

"Da a quien te pida y no reclames al que te quita lo tuyo"

"Cuidad de no practicar vuestra justicia delante de los hombres para ser vistos por ellos; de lo contrario, no tendréis recompensa de vuestro Padre celestial".

"Cuando ores, métete en tu cuarto y cierra la puerta para que nadie te vea"

"Cuando des limosna, que tu mano izquierda no sepa lo que hace la derecha"

"Cuando ayunes, lávate el rostro para que nadie se dé cuenta"

Están también las Bienaventuranzas:

"Felices los pobres… los que tienen hambre… los que lloran… los mansos… los misericordiosos…"

"Felices seréis cuando os injurien y os persigan y digan toda clase de mal contra ustedes por mi causa… Alegraos y estad contentos porque su recompensa será grande en el cielo"

¿En dónde quedó la autoestima? En ningún lugar del Evangelio encontramos que Jesús diga: "Si quieres ser feliz, ámate a ti mismo". Más bien dice todo lo contrario:

"El que quiera venir en pos de mí, niéguese a sí mismo...".

La teoría de la "autoestima" nos dice que el alto concepto que tengamos de nosotros mismos y la confianza que tengamos en nosotros mismos y en nuestras capacidades es lo que nos hará ser personas "realizadas".

Cristo nos dice exactamente lo contrario: que para ser verdaderamente felices debemos negarnos a nosotros mismos, que primero están Dios y los demás y que uno debe ser el último. Nos asegura que, al negarnos a nosotros mismos y al poner las cosas en ese orden, entonces nos realizaremos como personas. La "autoestima", por el contrario, nos lleva a que seamos nosotros el centro de nuestra atención (egocentrismo) y a que nos sirvamos primero a nosotros mismos (egoísmo).

Cuando el pobre de Pedro, con buenas intenciones, intentó alimentar la autoestima al Señor, tratando de disuadirlo de la Pasión, diciéndole seguramente algo como: "No, Señor, eso no pasará, tú eres muy bueno, no debes sufrir tanto...", Jesús lo rechazó de inmediato: "Apártate de mí, Satanás".

Y... las tentaciones en el desierto, claramente el demonio tentaba a Jesús por su "autoestima". "Si eres el Hijo de Dios, haz que estas piedras se conviertan en pan"; "Si eres el Hijo de Dios tírate de este precipicio"; "Todos estos reinos te daré...".

¿Cuál fue la respuesta de Jesús? "Apártate de mí, Satanás".

Llegado a este punto, tal vez alguno que tenga una elevada autoestima, esté pensando en renegar de su fe cristiana y quedarse mejor como un buen judío, antes de las enseñanzas de Jesucristo. Pero en el Antiguo Testamento tampoco se habla a favor de la autoestima.

4. La Autoestima en el Antiguo Testamento

En la Sagrada Escritura nunca se nos habla de que sea necesaria la estima de uno mismo, la confianza en uno mismo, la seguridad en nosotros mismos. Todo lo contrario: a lo largo de toda la Historia de la Salvación, Dios nos narra en las Sagradas Escrituras los nefastos efectos de la autoestima, tal como la entiende el mundo hoy y la promueven los talleres y libros.

Ya en el Génesis nos encontramos con Adán y Eva, que, cuando la serpiente quiso "elevarles la autoestima" diciéndoles "Seréis como dioses" … cometieron el pecado original, perdieron el Paraíso, perdieron la presencia de Dios, perdieron los dones preternaturales… y se vieron "desnudos", es decir, sin nada.

Caín, cuando se sintió "herido en su autoestima" porque su sacrificio no había sido agradable a Dios, asesinó a su hermano Abel, quedando marcado para siempre y condenado a vivir como un errante en la Tierra.

Los constructores de la Torre de Babel, por tener "una elevada autoestima" al sentirse que eran poderosos porque sabían fabricar ladrillos, sus lenguas se confunden y dejan su obra a medio terminar.

Podemos imaginarnos hasta donde habrá "bajado la autoestima" de Noé, cuando tuvo que obedecer a
28

Dios, construyendo un barco enorme en lo alto de una montaña y lejísimos del mar… la de burlas que le habrán hecho. Y luego… para colmo, cuarenta días y cuarenta noches durmiendo entre animales, limpiando suciedades de animales… a cualquiera se le baja la autoestima con eso. Se ve que Dios no le daba demasiada importancia a la autoestima de sus elegidos.

También podemos imaginar en dónde estaba "la autoestima" de David, cuando se presentó con una vil resortera (honda), confiando sólo en Dios, para luchar contra el gigante Goliat, quien estaba armado hasta los dientes, tenía una "elevada autoestima" y se burlaba con grandes carcajadas de él.

Vemos a Sansón, a quien Dios le había dado una fuerza sobrenatural y su larga cabellera era señal de que estaba consagrado a Dios. Fue capaz de grandes hazañas, hasta el día en que llegó Dalila a "impartirle un taller de autoestima". Lo durmió acariciándolo, acariciando sus fuertes músculos y su tupida cabellera… (acariciando su autoestima) y, una vez dormido, le cortó el pelo, quitándole su confianza en Dios… Sansón perdió toda su fuerza. Lo apresaron, le sacaron los ojos, lo pusieron a trabajar como un asno… hasta que tuvo "su autoestima destrozada" y entonces recuperó la confianza en Dios y pudo librar a su pueblo de los opresores.

También encontramos ejemplos bíblicos con "una elevada autoestima": El rey Antíoco, en el libro de los macabeos, el rey Nabucodonosor, mandaron construir grandes estatuas con su imagen para que los hombres los adorasen. Una elevada autoestima, de oro y plata con pies de barro. La Palabra de Dios no habla bien de ellos.

Gedeón triunfó en la lucha sin querer aparecer y sin sentirse digno de esa misión: «Ah, Señor mío, ¿con qué salvaré yo a Israel? He aquí que mi familia es pobre en Manasés, y yo el menor en la casa de mi padre» (Jue 6,15). Todavía Dios baja más su "autoestima" reduciendo su ejército a sólo 300 hombres, para que se notara bien que el triunfo era de Dios. Gedeón no tenía de qué jactarse, pues era muy obvio que el Señor le había dado la victoria.

Salomón, siendo un rey sabio, cuando "se eleva su autoestima" viéndose querido y admirado por las mujeres más bellas y más ricas del mundo, pierde toda su sabiduría, se entrega a los dioses paganos y ocasiona la división del Reino de Israel.

Jeremías nos advierte sobre el peligro de confiar en nosotros mismos: "Maldito el hombre que confía en el hombre, que en él pone su fuerza ... Bendito el hombre que confía en el Señor y en Él pone su esperanza..." (Jer 17, 5-8).

Toda la historia del pueblo de Israel es una historia de triunfos y fracasos, de dichas y tristezas. Triunfan cuando confían en Dios y fracasan cuando confían en ellos mismos. Les va bien cuando confían sólo en Dios y les va fatal cuando desconfían del poder de Dios y quieren resolver los problemas con sus propias fuerzas.

5. La autoestima de los santos

No recuerdo a un solo santo que haya sido santo "por amarse a si mismo". Más bien al revés: todos los ejemplos de los grandes santos nos hablan de su olvido de sí mismos para entregarse a los demás por amor a Dios.

San Pablo

El gran Saulo de Tarso, antes de encontrarse con Cristo, tenía una elevadísima autoestima: era fariseo de los más importantes, discípulo de Gamaliel, del linaje de Israel; de la tribu de Benjamín; hebreo e hijo de hebreos; en cuanto a la Ley, fariseo; en cuanto a la justicia de la Ley, intachable.

Se gloriaba "en sus obras de la ley" y pensaba que por su "justicia" (una alta autoestima), tenía todos los derechos a "la bendición de Dios" (prosperidad, seguridad, fecundidad, bienes materiales y espirituales...). Pero el buen Saulo, al conocer a Cristo, reconoce que todo lo anterior es pérdida, más aún basura, en comparación al conocimiento de Cristo.

San Pablo, el gran apóstol de los gentiles, al conocer a Cristo "perdió su autoestima" y se designó a sí mismo como "el primero de los pecadores" (1 Tm 1,15), "un mísero hombre" (Romanos 7,24) y "menos que el más pequeño de los santos" (Ef 3,8).

A los Filipenses les dice: "Piensen con humildad, estimando cada uno a los demás como superiores a él mismo" (Flp 2,3).

Más adelante escribiría: "Por eso, me complazco en mis debilidades, en los oprobios, en las privaciones, en las persecuciones y en las angustias soportadas por amor de Cristo; porque cuando soy débil, entonces soy fuerte" (2 Cor 12,10) y "No soy yo quien vive, es Cristo quien vive en mí" (Gal 2,20). "Para mí la vida es Cristo, y la muerte una ganancia. Todo lo tengo por basura (hasta yo mismo) con tal de ganar a Cristo" (Flp 3,8). "Mas, por la gracia de Dios, soy lo que soy" (1 Tm 1,12ss)

San Pablo nos habló de la "autoestima" al predecir sobre los últimos tiempos: "los hombres se amarán más a sí mismos que a Dios, y todo bajo apariencia de bien" (2 Tim. 3, 4).

Les escribe a los corintios: "En realidad, no pretendemos ponernos a la altura de algunos que se elogian a sí mismos, ni compararnos con ellos. El hecho de que se midan con su propia medida y se comparen consigo mismos, demuestra que proceden neciamente." (2 Cor 11,12)

"El que se gloría, que se gloríe en el Señor. Porque el que vale no es el que se recomienda a sí mismo, sino aquél a quien Dios recomienda." (2 Cor 11,18)

San Agustín

San Agustín, mientras fue hereje y pecador, tuvo una "elevada autoestima". Él mismo lo pone en sus confesiones y cuenta que veía en donde estaba el bien y sabía lo que tenía que hacer, pero no podía hacerlo, pues él mismo había tejido unas cadenas que lo mantenían atado.

Se gustaba a sí mismo, se admiraba a sí mismo, se sentía orgulloso de la imagen que los otros tenían de él y eso le impedía levantarse y convertirse. Fue hasta que se dio cuenta de su miseria, cuando por fin "se le bajó la autoestima", que se echó debajo de la higuera y rompió a llorar desconsoladamente. Desde entonces fue un gran santo.

Él mismo dijo: "Nos has hecho para ti, Señor y nuestro corazón estará inquieto hasta que descanse en Ti". Entendió que el descanso no se encuentra en la auto confianza, sino en Dios. Escribió, entre otras muchas cosas, esta hermosa oración:

Señor Jesús, que me conozca a mí y que te conozca a ti; que no desee otra cosa sino a ti; que me odie a mí, y te ame a ti y que todo lo haga siempre por ti; que me humille y que te exalte a ti; que no piense nada más que en ti; que me mortifique, para vivir en ti y que acepte todo como venido de ti;

que renuncie a lo mío y te siga sólo a ti; que siempre escoja seguirte a ti; que huya de mí y me refugie en ti y que merezca ser protegido por ti;

que me tema a mí y tema ofenderte a ti; que sea contado entre los elegidos por ti; que desconfíe de mí y ponga toda mi confianza en ti y que obedezca a otros por amor a ti; que a nada dé importancia sino tan sólo a ti; que quiera ser pobre por amor a ti. Mírame para que sólo te ame a ti; llámame, para que sólo te busque a ti y concédeme la gracia de gozar para siempre de ti. Amén.

38

San Alfonso María de Ligorio escribe: "no somos capaces por nosotros mismos de hacer nada bueno. Cualquier bien que hagamos, viene de Dios y cualquier cosa buena que tengamos, pertenece a Dios".

La Madre Teresa de Calcuta, tampoco demostró tener preocupación por su alta o baja autoestima. Cuando le preguntaban por su salud, decía: "No sé, no he pensado en ello, tengo demasiadas cosas que hacer por los demás como para pensar en mi propia salud".

Ella no habló nunca de la importancia de amarse a sí mismo, pero sí nos habló del amor a los otros:

Señor, cuando tenga hambre, dame alguien que necesite comida;

Cuando tenga sed, dame alguien que precise agua;

Cuando sienta frío, dame alguien que necesite calor.

Cuando sufra, dame alguien que necesita consuelo;

Cuando mi cruz parezca pesada, déjame compartir la cruz del otro;

Cuando me vea pobre, pon a mi lado algún necesitado.

Cuando no tenga tiempo, dame alguien que precise de mis minutos;

Cuando sufra humillación, dame ocasión para elogiar a alguien; Cuando esté desanimado, dame alguien para darle nuevos ánimos.

Cuando quiera que los otros me comprendan, dame alguien que necesite de mi comprensión;

Cuando sienta necesidad de que cuiden de mí, dame alguien a quien pueda atender;

40

Cuando piense en mí mismo, vuelve mi atención hacia otra persona.

Haznos dignos, Señor, de servir a nuestros hermanos;
Dales, a través de nuestras manos, no sólo el pan de cada día, también nuestro amor misericordioso, imagen del tuyo. Madre Teresa de Calcuta M.C.

Tomás de Kempis

"Hijo, no puedes poseer libertad perfecta si no te niegas a ti mismo del todo. Todos los que se aman a sí mismos, están en prisiones, son codiciosos, curiosos y vagabundos, buscan de continuo las cosas delicadas, y no las que son de Jesucristo".
"¡Oh si hubieses llegado a tanto que no fueses amador de ti mismo y estuvieses puramente a mi

voluntad! Entonces me agradarías mucho y pasarías tu vida en gozo y paz. (...) Desprecia la sabiduría terrena, y el humano contentamiento y el tuyo propio." (Cap XXXVI de La Imitación de Cristo).

6. La autoestima en el Magisterio de la Iglesia

Así como no encontré ningún santo con un elevado concepto de sí mismo, tampoco he podido encontrar en la enseñanza milenaria de la Iglesia nada que hable de la autoestima o de la necesidad de amarnos a nosotros mismos para poder amar a los demás. Por el contrario, encontré que siempre se ha enseñado que todo lo hemos recibido de Dios y que nada podemos y nada somos sin Dios

Los Padres de la Iglesia definen el pecado como "El amor a uno mismo hasta el desprecio de Dios" y definen la santidad como "El amor a Dios hasta el desprecio de uno mismo".

El Concilio Vaticano II, en la Gaudium et Spes, habla del fomento de la autoestima como una de las formas del ateísmo actual, diciendo "Mientras unos niegan expresamente a Dios[...] Algunos exaltan tanto al hombre, que dejan sin contenido la fe en Dios [...]". (G.S. n. 19).

El Catecismo de la Iglesia Católica, nos habla de la dignidad de la persona humana, pero no nos dice que debamos amarnos o enorgullecernos por ello: 1700. La dignidad de la persona humana está enraizada en su creación a imagen y semejanza de Dios [...]. Con sus actos libres [...] y con la ayuda de la gracia (los hombres) crecen en la virtud y evitan el pecado [...] Así acceden a la perfección de la caridad.

También el Catecismo nos habla de la necesidad de educar a los hijos, pero no nos habla de los talleres de autoestima, sino por el contrario, nos habla de formar su conciencia para preservarlos del egoísmo y del orgullo:

1784 La educación de la conciencia es una tarea de toda la vida [...] Una educación prudente enseña la virtud; preserva o cura del miedo, del egoísmo y del orgullo, de los insanos sentimientos de culpabilidad y de los movimientos de complacencia, nacidos de la debilidad y de las faltas humanas. La educación de la conciencia garantiza la libertad y engendra la paz del corazón.

Juan Pablo II en su Mensaje de la Paz del año 2005, cita expresamente a San Agustín para recordarnos que el Reino del mundo se construye en el amor a uno mismo, mientras que el Reino de los Cielos se construye en el desprecio de sí hasta el amor a Dios. Estas son sus palabras textuales:

«El que ama su vida, la pierde». Estas palabras no expresan desprecio por la vida, sino, por el contrario, un auténtico amor por la misma. Un amor que no desea este bien fundamental sólo para sí e inmediatamente, sino para todos y para siempre, en abierto contraste con la mentalidad del «mundo».
En realidad, la vida se encuentra cuando se sigue a Cristo por la «senda estrecha». Quien sigue el camino «ancho» y cómodo, confunde la vida con satisfacciones efímeras, despreciando la propia dignidad y la de los demás". Juan Pablo II 4-03-2001, Mensaje para la Cuaresma.

Benedicto XVI en su carta dedicada al amor, Deus Caritas est, no dedica ni un solo número a hablar del amor a uno mismo. Si, como predican algunos, es tan necesario amarse primero uno mismo para poder amar a los demás, ¿No resulta extraño que el Papa, en 42 números dedicados a hablar del amor, no dedique ni uno solo a la autoestima?

Benedicto XVI nos habla del amor de Dios por nosotros y de cómo lo tenemos que reflejar en el amor a nuestros hermanos (de eso trata toda la encíclica), pero no nos dice jamás que nos debemos amar primero a nosotros mismos.

"Por eso, en mi primera Encíclica deseo hablar del amor, del cual Dios nos colma, y que nosotros debemos comunicar a los demás"

El amor que nos viene de Dios debe llegar a nosotros y fluir desde ahí, como cascada de agua viva hacia los demás. No tenemos por qué quedárnoslo y contemplarlo como si fuera nuestro. El Papa nos define el amor como un salir del yo encerrado en sí mismo, hacia la entrega de sí"

"Ciertamente, el amor es ´éxtasis´, pero no en el sentido de arrebato momentáneo, sino como camino permanente, como un salir del yo cerrado en sí mismo hacia su liberación en la entrega de sí y, precisamente de este modo, hacia el reencuentro consigo mismo, más aún, hacia el descubrimiento de Dios". (Deus Caritas est n.9)

Hace poco nos lo recordó en una de sus homilías:

"Esta es la verdadera subida, esta es la verdadera puerta. No desear llegar a ser alguien, sino, por el contrario, ser para los demás, para Cristo, y así,

48

mediante él y con él, ser para los hombres que él busca, que él quiere conducir por el camino de la vida.

La vida no se da sólo en el momento de la muerte, y no solamente en el modo del martirio. Debemos darla día a día. Debo aprender día a día que yo no poseo mi vida para mí mismo. Día a día debo aprender a desprenderme de mí mismo, a estar a disposición del Señor para lo que necesite de mí en cada momento, aunque otras cosas me parezcan más bellas y más importantes. Dar la vida, no tomarla. Precisamente así experimentamos la libertad. La libertad de nosotros mismos, la amplitud del ser. Precisamente así, siendo útiles, siendo personas necesarias para el mundo, nuestra vida llega a ser importante y bella. Sólo quien da su vida la encuentra." (Benedicto XVI. Homilía 7 de mayo de 2006)

La Iglesia como Madre y Maestra conoce la debilidad del hombre y sabe que es imposible para él dar continuamente sin recibir nada a cambio. Por esta razón, nos enseña una y otra vez, que la fuente de nuestro amor hacia los demás es el amor que Dios me tiene y no el amor a mí mismo. Yo puedo amar a los demás sin esperar nada de ellos, porque sé que soy amado por Dios.

Benedicto XVI nos lo dice con estas palabras:

"Por otro lado, el hombre tampoco puede vivir exclusivamente del amor oblativo, descendente. No puede dar únicamente y siempre, también debe recibir. Quien quiere dar amor, debe a su vez recibirlo como don. Es cierto —como nos dice el Señor— que el hombre puede convertirse en fuente de la que manan ríos de agua viva (cf. Jn 7, 37-38). No obstante, para llegar a ser una fuente así, él mismo ha de beber siempre de nuevo de la primera y originaria fuente que es Jesucristo, de cuyo corazón traspasado brota el amor de Dios (cf. Jn 19, 34)." (Deus Caritas est n.7)

Así que… para amar a los demás, el Papa nos dice que no hay que beber del amor a uno mismo (como dicen los talleres de autoestima "Ámate a ti mismo para poder amar a los demás"), sino de la fuente original, que es el amor que Dios nos tiene.

Antes de escribir esto, estuve buscando con mucho detenimiento y durante varios días, algún documento del magisterio autorizado de la Iglesia en el que se hablara de la autoestima. Hasta donde llegó mi investigación, puedo afirmar que no existe en todo el Magisterio de la Iglesia ninguna Encíclica; Carta, Exhortación o Constitución Apostólica; Motu Proprio o Bula Papal, en 2000 años de historia del Magisterio, en el que el Papa hable o mencione siquiera el término autoestima.

Sin embargo, hay cientos de documentos que hablan de la negación y el olvido de uno mismo y se pueden encontrar muy fácil, en cualquier parte del Magisterio y hasta en los ritos de religiosidad popular.

Como ejemplo, veamos algunas frases que usó el Card. Ratzinger en el Vía Crucis del año 2005:

"Jesús mismo ofrece la interpretación del Vía crucis, nos enseña cómo hemos de rezarlo y seguirlo: es el camino del perderse a sí mismo, es decir, el camino del amor verdadero. Él ha ido por delante en este camino.

[...]

Nos invitas a seguirte cuando dices: «El que se ama a sí mismo, se pierde, y el que se aborrece a sí mismo en este mundo, se guardará para la vida eterna» (Jn 12, 25). Sin embargo, nosotros nos aferramos a nuestra vida. No queremos abandonarla, sino guardarla para nosotros mismos. Queremos poseerla, no ofrecerla. Tú te adelantas y nos muestras que sólo entregándola salvamos nuestra vida.

[...]

Líbranos del temor a la cruz, del miedo a las burlas de los demás, del miedo a que se nos pueda escapar nuestra vida si no aprovechamos con afán todo lo que nos ofrece. Ayúdanos a desenmascarar las tentaciones que prometen vida, pero cuyos resultados, al final, sólo nos dejan vacíos y frustrados. Que, en vez de querer apoderarnos de la vida, la entreguemos. Ayúdanos, al acompañarte en este itinerario del grano de trigo, a encontrar, en el «perder la vida», la vía del amor, la vía que verdaderamente nos da la vida, y vida en abundancia (Jn 10, 10)." (Joseph Ratzinger, Vía Crucis en el Coliseo 2005)

7. La autoestima en el pensamiento tomista y en la doctrina del Juicio final

Santo Tomás de Aquino, en su Suma Teológica, confirma claramente cómo la autoestima, tal como se entiende hoy en día, es del todo incompatible con la santidad y cómo, la única manera de que el amor a sí mismo sea un amor ordenado, es cuando busca no los bienes sensibles (un elevado concepto de sí mismo), sino sólo los bienes espirituales de la persona (la santidad).

Para Santo Tomás, la caridad es amistad, que él define como participar la bienaventuranza al otro. Por esa razón, nos dice que uno sí puede amarse a sí mismo, pues desea la salvación para sí; nos explica que el recto amor a uno mismo consiste en desear la bienaventuranza para uno mismo (desear ser santo y luchar por ser santo). Nos hace ver que la manera de cumplir con ese amor ordenado a uno mismo es solamente amando a Dios y al prójimo (es decir, negándonos a nosotros mismos para entregarnos a los demás). Nada que ver con la autoestima.

Esta explicación de Sto. Tomás encuadra perfectamente el "ama a tu prójimo como a ti mismo" de la ley Antigua, que Jesús no vino a abolir, sino a perfeccionar: Si amarme a mí mismo significa desear para mí la salvación, entonces "amar a mi prójimo como a mí mismo" significa desear para ellos la salvación. Y esto no es "elevar la autoestima" mía o de los otros, sino entregarme yo a los demás y ayudarlos a que ellos también se olviden de sí mismos y se entreguen.

Estas son las citas textuales de Santo Tomás, hablando de este tema:

"El amor propio, principio del pecado, es el característico de los pecadores, que llegan hasta el desprecio de Dios, como allí mismo se dice, pues los malos de tal modo codician los bienes externos que menosprecian los espirituales." (Suma Teológica-II-IIae (Secunda secundae) Cuestión 25 art 8)

"Son vituperados quienes se aman a sí mismos por amarse en conformidad con la naturaleza sensible a la que obedecen. Y eso no es amarse verdaderamente a sí mismo según la naturaleza racional, que dicta que amemos para nosotros los bienes que atañen a la perfección de la razón. De este segundo modo principalmente atañe a la caridad amarse a sí mismo." (Suma Teológica-II-IIae (Secunda secundae) Cuestión 25 art 4)

"Sin embargo, se debe intimar al hombre el modo de amar, a efectos de que se ame a sí mismo y a su propio cuerpo de manera ordenada, y esto se cumple efectivamente amando a Dios y al prójimo." (Suma Teológica-II-IIae (Secunda secundae) Cuestión 44)

Sto. Tomás nos dice, en ese mismo capítulo, que los malos creen amarse a sí mismos, pero realmente no lo hacen, pues con su amor propio (egoísta) están perdiendo la salvación. Nos dice también que los buenos, aunque no lo saben ni lo pretenden, sí se aman a sí mismos, pues con su entrega y su olvido de sí, están ganando la salvación.

Para profundizar en la riqueza del pensamiento de Santo Tomás acerca del recto amor a uno mismo, entendido como el deseo de llegar a poseer los bienes espirituales (la unión completa con Dios), y corroborar que este recto amor no se parece nada a la autoestima que nos quieren vender los psicólogos modernos, sino que es contrario a ella, vale la pena leer completa la cuestión 25 de esta segunda parte de la Suma Teológica.

Se puede ver que las enseñanzas de Sto. Tomás acerca del recto amor a sí mismo, están perfectamente resumidas en la frase del Evangelio: "El que quiera ganar su vida, la perderá y el que pierda su vida por amor a mí, ése la ganará"

Este pensamiento tomista queda perfectamente explicado con la narración que Jesús nos hace de lo que sucederá en el juicio final. Ahí nos dice Nuestro Señor que seremos analizados en el amor, pero no en el amor a nosotros mismos, sino en el amor a los demás:

"Venid benditos de mi Padre, tomad posesión del Reino que hemos preparado para vosotros, porque tuve hambre y me disteis de comer, tuve sed y me disteis de beber, estuve desnudo y me vestisteis, encarcelado y enfermo y me visitasteis…"

En ningún momento dice Jesús que se salvarán los que tengan una alta autoestima, pero sí los que supieron amar a los demás.

Así que si queremos que nuestros hijos se amen a sí mismos de la manera recta que habla Sto. Tomás, no debemos comprar libros que tengan por título "Eleva la autoestima de tu hijo", sino regalarles otros muy diferentes, como "La imitación de Cristo" de Kempis, por poner sólo un ejemplo.

8. La autoestima… ¿una herejía antigua que vuelve a renacer?

Los talleres de autoestima enseñan a los niños a "amarse a sí mismos", "aceptarse a sí mismos", "confiar en sí mismos", "sentirse orgullosos de sí mismos, de lo que son, de lo que tienen y de lo que pueden".

El cristianismo, ya lo hemos visto, nos enseña a ver que todo lo que tenemos y somos nos viene de Dios, que no tenemos nada de qué enorgullecernos y que nada podemos si no es con la ayuda de Dios. "Sin mi, nada podéis hacer"

Pelagio, un hereje del s. V, enseñaba, entre otros disparates, exactamente lo mismo que ahora enseñan en los talleres de autoestima. Él afirmaba que el hombre nace siendo bueno (negaba el efecto del pecado original) y que podía salvarse por sus propias fuerzas, sin necesidad de la ayuda de Dios (negaba la necesidad de la gracia).

El pelagianismo quedó pronto desaprobado y olvidado, fue rechazado en el Sínodo de Cartago en el año 418 d.C; en el concilio de Éfeso en el año 431; y en el Sínodo de Orange en el año 529; sin embargo, las herejías no mueren, sino que se transforman.

Lo que hoy llaman "autoestima", "autorrealización", "autosuficiencia", "confianza en uno mismo", "seguridad personal", etc.… pienso, como una opinión muy personal, que no es más que una mutación del pelagianismo… una herejía antigua, resucitada en el S XX.

Dice el P. Marcelino de Andrés en uno de sus libros: La agonía de Cristo continúa en esos pobres cristianos que son engañados por los falsos doctores, seducidos por sus teorías "pseudo redentoras", arrancándoles de cuajo la fe de su alma, al apartarles del verdadero camino de la cruz, del amor al hombre por Dios, valorando la soberbia disfrazada de "autoestima" y la adoración al propio YO, en lugar de la adoración al Dios Creador, Padre de Jesucristo y Padre Nuestro.

9. Los halagos, los elogios y la autoestima

Es verdad que el niño debe saberse amado para desarrollarse adecuadamente, pero no es necesario estárselo diciendo todo el día, como recomiendan los talleres de autoestima, para que él lo sepa.

Pienso que el ejemplo del amor desinteresado de sus padres por él será la mejor manera de que el niño se dé cuenta de que lo quieren, sin necesidad de que se lo digan. Si un niño ve todos los días a unos padres que se entregan uno a otro, a sus hijos y a los demás de manera desinteresada e incondicional, él se sentirá amado por ellos y aprenderá a amar de la misma manera que sus padres lo hacen.

Pero vale aclarar que no todos los halagos son forzosamente malos o perjudiciales. Hay palabras que hacen milagros y son los halagos bien hechos, esto es, dirigidos no a los talentos del niño: "Oh, qué guapo" "Oh, qué inteligente" "Oh, qué hábil" (de eso no tiene que enorgullecerse, pues le ha sido dado por Dios), sino dirigidos al recto aprovechamiento de los talentos recibidos para el servicio de los demás:

Al niño inteligente que explica la tarea al hermano pequeño, se le dirá "Qué bueno que estés usando para el bien la inteligencia que Dios te dio". Al que es hábil con las manos y arregla algo que estaba descompuesto, se le elogiará, no la habilidad, sino "lo bien que está aprovechando su habilidad manual". De esta manera, desde pequeños los haremos conscientes de la gran responsabilidad que tienen por cada uno de los dones que les han sido dados.

De esa manera es como elogiaba Jesucristo a las personas:

"Ven, siervo bueno y fiel, porque has sido fiel en lo poco, yo te constituiré sobre lo mucho, entra en el gozo de tu Señor" Lo elogia no por sus cualidades, sino porque ha hecho buen uso de lo que había recibido.

A la viuda del templo, la alaba no por ser viuda o ser pobre, sino por lo que hizo con lo poco que tenía "Ella ha dado más que todos"

Sin embargo, también hay que cuidar que esos halagos por el recto uso de los talentos no generen "autoestima" en el niño, pues el hecho de que sepamos utilizar y aprovechar lo que nos han dado en bien de los demás, es simplemente lo normal, lo natural, lo que tenemos que hacer.

"Cuando hayáis hecho todo lo que les he mandado, decid: siervos inútiles somos, no hemos hecho más que lo que teníamos que hacer"

Con esta frase de Jesucristo queda muy claro que no debemos sentirnos orgullosos de nosotros mismos (una elevada autoestima) ni siquiera cuando hayamos hecho obras buenas con los talentos que Dios nos ha dado.

Al respecto, C.S. Lewis dice en su libro Mere Christanity:

"El niño al que se le dan unas palmadas en la espalda por haber hecho bien la lección, la mujer a la que su amante le alaba su belleza, el alma salvada a la que Cristo le dice: "Bien hecho", se complacen, y deberían complacerse. Porque ahí la complacencia reside no en lo que tú eres, sino en el hecho de que has agradado a alguien a quien querías (y querías de manera muy justa) agradar. El problema comienza cuando pasas de pensar: "Le he agradado; todo está bien" a pensar, "¡Qué excelente persona soy yo por haberlo hecho así!"

El P. Michel Esparza, autor del libro que lleva por título "La autoestima del cristiano" nos pone en guardia contra los tratamientos psicoterapéuticos para elevar la autoestima, diciendo:

"Quien se sabe hijo de Dios, se olvida fácilmente de sí mismo y aumenta la calidad de su amor a los demás. En cambio, quien desconoce esa dignidad, se ve impelido a cosechar éxitos que aumenten su autoestima y le hagan merecedor de la estima ajena. Pero de ese modo nunca alcanza una buena relación consigo mismo y con los demás, porque el yo está envenenado por el amor propio y jamás se satisface del todo. Quien desconozca el amor de Dios, ante sus propias miserias, tendrá dos opciones: o bien reconocerlas y deprimirse, o bien autoengañarse, eventualmente con ayuda de psicoterapia (hay quienes acuden a un psicoterapeuta para que les convenza de que son personas fabulosas). Pero así nunca se obtiene una paz duradera, porque la inteligencia engañada siempre protesta. "

Las terapias de autoestima definitivamente no se llevan bien con el cristianismo.

10. Diferentes significados que se le dan al término "autoestima"

Lo que más me sorprendió en aquella plática con mis amigos, fue cómo fueron cambiando de significado a la palabra autoestima conforme avanzaba la plática.

Al inicio, todos estaban de acuerdo en que el hombre tenía que amarse a sí mismo para poder luego amar a los demás. Es decir, aceptaban que "autoestima" era lo mismo que "amor a uno mismo".

Conforme la plática fue avanzando, de pronto decidieron que no, que ellos se referían a "sentirse orgullosos de lo que son"

Cuando vieron que esto tampoco funcionaba en los cristianos, dijeron que se referían a "estar orgullosos de lo que hacen"

Total, que luego, al decir lo de los siervos inútiles, pasaron a "confianza en uno mismo", "seguridad personal" y terminaron diciendo que se referían al "aprecio por la dignidad del ser humano"

Pienso que el lenguaje debe ser bien utilizado y que hay que llamar al pan "pan" y al vino, "vino". Es incorrecto utilizar el término "autoestima" para definir "la valoración de la propia dignidad como ser humano", pues el término es "self-esteem" (estima del YO) y no humanbeing-esteem o person-esteem. El significado de "self" siempre ha sido, es y será "mi Yo", "mi Ego" (usando términos de Freud) y trae implícito el significado de poner al Yo en el centro, botando a Dios lejos de la vida de la persona.

El mismo P. Michel Esparza, confiesa en una entrevista, que decidió usar el término autoestima en el título de su libro... porque suena bonito, porque está de moda, porque así lo leerá el hombre de la calle... en resumen, por cuestiones de marketing. Sus palabras textuales en dicha entrevista son:

"He escogido el término «autoestima» por su indudable resonancia positiva. Esta temática es universal, pero con mi libro intento ayudar especialmente a personas con cierta tendencia al agobio perfeccionista.

Hay otra razón por la que empleo el término autoestima: al ser de uso común, permite divulgar el mensaje cristiano de cara al hombre de la calle. Además, la temática de la autoestima está de moda y hablar de ella en cristiano permite corregir ciertos enfoques erróneos."

La autoestima, como tal, no puede ser algo cristiano, pues forzosamente, el lugar que ocupe en nuestro corazón el amor a nosotros mismos es un lugar que le quitamos al amor a Dios y a los hombres.

Pongo la opinión de una persona santa y sabia de nuestro tiempo:

"Tú me mandas que ame a mi prójimo

como yo me amaría a mí mismo,

si yo quisiera a mí mismo amarme.

Porque yo no quiero amarme, Señor,

porque tan efímero soy,

que no merezco ser amado ni de mí mismo.

Mató el asesino

para dar al amor de sí mismo

el placer de la venganza.

Y robó el ladrón

para dar al amor de sí mismo

el placer de su riqueza.

Y se revolcó en el fango el lujurioso

para dar al amor de sí mismo

el placer de su lujuria.

Amor de sí mismo no es verdadero amor,
porque es amor a costa de todos los amores.

Porque el que se ama, no ama.

Porque el amor a sí mismo es exclusión
y el amor al prójimo es donación.

Porque el amor de sí mismo es soberbia
y el amor al prójimo es humildad.

Porque el amor a sí mismo es egoísmo
y el amor al prójimo es caridad."

(Salterio de mis días)

80

11. Resultados sociales de la promoción de la autoestima

La promoción de la autoestima es un tema que ha ocasionado gran confusión y grandes destrozos en familias y en congregaciones completas, fomentando el egoísmo antes que el amor.

No existe ningún estudio en el que se demuestre algún resultado positivo de la autoestima bajo ningún aspecto. Sin embargo, sí existen datos de que no ha tenido resultado positivo alguno, en estudios estadísticos.

Pero... independientemente de los datos estadísticos formales, los resultados de los talleres de autoestima que yo personalmente he visto a mi alrededor son:

Niños malcriados, altaneros, desobedientes, pagados de sí mismos, que se creen merecedores de todo, exigentes, groseros, inconformes, egoístas.

Padres y madres inseguros y temerosos de llamar la atención y corregir a sus hijos por temor a "bajarles la autoestima".

Madres de familia que, engañadas por el mito de "tienes que estar bien contigo misma", abandonan a sus hijos y a su marido porque los consideran un estorbo para su propia realización. He visto a muchas señoras que en un afán de "sentirse bien con ellas mismas, para luego poder darle al otro",

82

dejan a sus familias "por un tiempo" y resulta que luego, su egoísmo ha crecido de tal manera, que ya nunca regresan. Se acostumbran a centrar su atención en sí mismas, en sus necesidades, gustos, deseos, preferencias y ya no vuelven jamás.

Cientos de separaciones y divorcios ocasionados por el egoísmo de los cónyuges, a quienes se les ha convencido de que, si se auto estiman, no tienen por qué permitir que el otro les pida nada. "No es justo que me trate así", "No es justo que me ignore", "Yo doy todo y él (ella) no da nada". Se les ha olvidado, por andar pensando en la autoestima, que el amor matrimonial consiste en entregarse totalmente al otro de manera incondicional (en las buenas y en las malas) y permanente (hasta que la muerte nos separe). Estos matrimonios se quedan en el amor inmaduro del primer encuentro y nunca llegan al amor maduro, del cual Benedicto XVI nos dice: Ahora el amor es ocuparse del otro y preocuparse por el otro. Ya no se busca a sí mismo, sumirse en la embriaguez de la felicidad, sino que ansía más bien el bien del amado: se convierte en renuncia, está dispuesto al sacrificio, más aún, lo busca. (Deus Caritas Est n.6)

Este amor maduro, de entrega y olvido de sí mismo, es incompatible con la autoestima, tal como nos la venden hoy en día.

Seminarios que se vacían, porque los talleres de autoestima les han hecho pensar que las reglas de disciplina y obediencia son contrarias a su dignidad.

Comunidades religiosas enfrentadas entre sí, contra los superiores y contra el obispo, por optar por la autosuficiencia (una elevada autoestima) y no por la

84

comunión, porque sería señal de una "baja autoestima".

Decenas de conferencistas e instructores católicos que temen nombrar a Dios en sus discursos, por su "autoestima". Por el miedo al qué dirán de ellos, por el miedo a que ya no los escuchen, a que los tachen de "mochos", dejan de darle el lugar a Dios, que es el único que puede solucionar los problemas del hombre.

El Card. Ratzinger nos dice cómo debían ser los discursos católicos: "No buscamos que se nos escuche a nosotros; no queremos aumentar el poder y la extensión de nuestras instituciones; lo que queremos es servir al bien de las personas y de la humanidad, dando espacio a Aquél que es la Vida. Esta renuncia al propio yo, ofreciéndolo a Cristo para la salvación de los hombres, es la condición fundamental del verdadero compromiso en favor del Evangelio: "Yo he venido en nombre de mi Padre, y no me recibía; si otro viene en su propio nombre, a ese lo recibiréis" (Jn 5, 43). Joseph Ratzinger Conferencia pronunciada en Roma, 10.XII.00.

Estos conferencistas e instructores católicos que temen hablar de Dios no están pensando en que Dios sea escuchado a través de sus palabras. Su autoestima les preocupa demasiado, sienten terror de que alguien los critique y prefieren eliminar a Dios de sus discursos.

Cientos de apostolados católicos que, exaltando al hombre, han cambiado su identidad y su finalidad evangelizadora de llevar a los hombres a la salvación eterna, por un "humanismo" basado en "la superación personal", en la "promoción humana", en "elevar la autoestima de los oyentes", donde los llamados "valores humanos" sustituyen a las virtudes basadas en un amor heroico y desinteresado y, poniendo en el centro a la persona, la hacen crecer de tal manera, que Dios ya no existe dentro de esos apostolados.

El Papa Benedicto XVI muestra su preocupación por estas obras apostólicas que han perdido su identidad cristiana, sustituyendo al hombre (con una elevada autoestima) por Dios:

«De ningún modo es posible dar respuesta a las necesidades materiales y sociales de los hombres sin colmar, sobre todo, las profundas necesidades de su corazón» Benedicto XVI Carta con motivo de la Cuaresma 2006

«Con frecuencia, ante problemas graves, han pensado que primero se debía mejorar la tierra y después pensar en el cielo. La tentación ha sido considerar que, ante necesidades urgentes, en primer lugar, se debía actuar cambiando las estructuras externas. Para algunos, la consecuencia de esto ha sido la transformación del cristianismo en moralismo, la sustitución del creer por el hacer. Por eso, mi predecesor de venerada memoria, Juan Pablo II, observó con razón: «La tentación actual es la de reducir el cristianismo a una sabiduría meramente humana, casi como una ciencia del vivir bien. En un mundo fuertemente secularizado, se ha dado una "gradual secularización de la salvación", debido a lo cual se lucha ciertamente en favor del hombre, pero de un hombre a medias, reducido a la mera dimensión horizontal. En cambio, nosotros sabemos que Jesús vino a traer la salvación integral» (Redemptoris missio), Benedicto XVI Carta con motivo de la Cuaresma 2006

"Lo diré con otras palabras: la tentativa, llevada hasta el extremo, de plasmar las cosas humanas dejando completamente de lado a Dios, nos conduce siempre a lo más hondo del abismo, al desamparo total del hombre". BXVI en su libro "La Europa de Benito en la crisis de las culturas"

La autoestima es la puerta grande que se ha abierto en la Iglesia a la infiltración de las ideologías de la Nueva Era, que todas tienen algo en común: buscar la autocomplacencia, la autosatisfacción, poner el Yo en el centro, olvidándose de Dios.

Ya hace años S.S. Pablo VI, dijo: "El humo de Satanás ha entrado en la Iglesia"

Dice "humo", porque el humo es ligero, sutil, penetra fácilmente por cualquier grieta, es difícil taponarlo, impedir su paso, es volátil, se mezcla perfectamente con el aire puro, se respira junto con el aire, aún sin pretender aspirar humo.

El amor a uno mismo, la autoestima, es una grieta ideal para que entre el "humo" de muchas ideologías como las de Freud, Teilhard de Chardin, Hans Küng, Leonardo Boff, Anthony de Mello, Paulo Coelho, Cony Mendez, etc., porque se meten en la mente de los católicos de una manera sutil, refinada, casi imperceptible.

Son ideologías que "suenan bonito" (autoestima, autorrealización, libertad interior, paz interior,

90

bienestar, orden, equilibrio, sentirte bien contigo mismo), pero que son realmente diabólicas, engañosas, embaucadoras, destructoras de la más auténtica esencia del cristianismo que es olvidarse de uno mismo por amor a los otros.

Estas ideologías se mezclan, al igual que el humo con el aire, con la verdadera doctrina, con palabras fáciles de aceptar por las conciencias laxas, y construyen una nueva "doctrina" contaminada con el egoísmo, que gradualmente, va destruyendo el verdadero mensaje de Jesucristo (amor y entrega), hasta apoderarse totalmente de la inteligencia y del corazón del creyente, provocando finalmente el reinado del Yo y la desaparición total de Dios en su vida

Estas han sido las consecuencias de la infiltración de la autoestima dentro de la Iglesia: hombres centrados en sí mismos que creen que ya no necesitan a Dios para alcanzar la felicidad y lo cambian por cualquier cosa que se acomode mejor a sus ideas egoístas.

12. Si tu hijo te dice que no puede, que no vale, ¿tampoco hay que elevarle la autoestima?

La "alta autoestima" y la "baja autoestima", son las dos caras de una misma moneda, que se llama soberbia.

Una alta autoestima es pura soberbia, porque pensar "yo valgo", "yo sirvo" es fruto de verse a sí mismo y compararse con los demás y es llegar a pensar que podemos hacer algo bueno por nosotros mismos, sin Dios.

Una baja autoestima también es pura soberbia, porque el pensar "no valgo", "no sirvo", etc. también es fruto de verse sólo a sí mismo.

Un cristiano no se debe contemplar a sí mismo por mucho tiempo, sino sólo lo indispensable para conocerse o para hacer un examen de conciencia, dándose cuenta de que es una minúscula criatura, de los dones que Dios le ha dado y de compararlos contra los frutos que debería estar dando con esos dones. Si es una higuera… debería estar dando higos.

"Tenía un hombre una higuera plantada en su viña, y vino a buscar fruto en ella, y no lo halló. Y dijo al viñador: He aquí hace tres años que vengo a buscar fruto en esta higuera, y no lo hallo; córtala"

Un cristiano no debe amarse a sí mismo, sino negarse a sí mismo para ir en busca de los demás. Desprenderse de todo lo suyo para servir, para amar. Quitarse todo lo que le estorba (y lo que más le estorba es su egoísmo) para salir y entregarse a los otros, sin pensar en sí mismo.

A las personas "con baja autoestima"... no debemos decirles "mira como sí vales, sí puedes" porque las haremos meterse más en sí mismas, en la contemplación de su propio y miserable yo. A esas personas hay que empujarlas (o jalarlas) a hacer algo por los demás para sacarlas del oscuro agujero de su egocentrismo, de su autocontemplación y autocompasión, que es pura soberbia.

Que vean que hay gente que los necesita, que dejen de verse a sí mismos y empiecen a ayudar a los demás. Esa es la mejor terapia.

"Sólo mi disponibilidad para ayudar al prójimo, para manifestarle amor, me hace sensible también ante Dios. Sólo el servicio al prójimo abre mis ojos a lo que Dios hace por mí y a lo mucho que me ama." (Benedicto XVI Deus Caritas Est n.18)

Así que, de acuerdo con lo que nos dice el Papa, la mejor terapia para "la baja autoestima", es el servicio a los demás, ayudar al prójimo. De esa manera, el hombre descubrirá lo mucho que le ama Dios.

Negarse a sí mismo no significa decir "no valgo nada" "no soy nada" (eso es "una baja autoestima" que es lo mismo que "una gran soberbia")

Nosotros, como creaturas de Dios valemos muchísimo y eso nadie lo niega. Pero valemos porque Dios nos ama y no porque nosotros nos amemos.

El cristiano no tiene porqué darle un valor a su imagen. Se sabe creatura de Dios. Sabe que todo lo que es y lo que tiene se lo debe a Dios. Perder el tiempo en "formarse una imagen positiva o negativa de sí mismo", NO es cristiano.

En el cristiano, lo bueno que ha recibido de Dios, no le sirve para "formarse una imagen positiva de sí mismo" sino que significa un compromiso, una enorme responsabilidad ante Dios y los hombres.

El auténtico seguidor de Jesucristo es el que sabe que nada puede sin Él "Sin mí nada podéis hacer", pues lo que haga al margen de Dios es algo que no tiene valor eterno.

El cristiano sabe que no vale por lo que tiene (coches, casas, etc.), sabe que tampoco vale por lo que es (guapo, simpático, inteligente), sino que vale porque Dios lo ha amado y por esto puede servir a los demás y a Dios. Está consciente de que "Al final de la vida lo único que queda es lo que hayamos hecho por Dios y por nuestros hermanos los hombres" (MMLC)

De nada le sirve al hombre decir "yo soy inteligente" "yo soy simpático"... si esa inteligencia y esa simpatía no las utiliza en el servicio de los demás.

Jesús nos lo enseña muy bien en la parábola de los talentos: el que recibió cinco, entregó cinco más, el que recibió dos, entregó dos más, pero… el que se preocupó por "su autoestima" y se guardó para sí el talento, recibió un fuertísimo regaño.

Los talentos que recibe el cristiano no son algo para enorgullecerse y sentirse "con una elevada autoestima". Al contrario, para el cristiano, cada talento es un compromiso, una exigencia: "Al que mucho se le ha dado, mucho se le exigirá" Lc 12, 48

Así que, si ves que tu hijo tiene muchos talentos, lejos de elogiarlo para que "su autoestima se eleve", lo único que debes elevarle es su grado de entrega a los demás, porque por cada talento recibido se le pedirán frutos.

Si basas la felicidad de tus hijos en sus talentos personales (en su autoestima) le estarás dando una base muy frágil, pues todos hemos visto a guapísimas modelos que quedan desfiguradas, atletas que quedan paralíticos, grandes intelectuales atacados por el Alzheimer, millonarios que quedan en la ruina. ¿En dónde quedará su felicidad si el único cimiento eran sus talentos?

13. Conclusión: La auténtica realización no tiene que ver con la autoestima

La verdadera felicidad no consiste en amarte a ti mismo, sino en saberte amado por Dios y responsable de dar ese amor a los demás.

Si cada día recuerdas que eres un hijo de Dios, que todo lo has recibido de Él y que tienes que entregar cuentas de eso que te han dado, será suficiente para que hagas bien todas las cosas, pero sin dejarte lugar alguno para el orgullo, pues sabrás que Dios es el protagonista de la obra y tú únicamente el encargado de ponerle la escenografía para que Él sea el que brille.

Sabrás que Él es el pintor y tú sólo el pincel, que Él es el escritor y tú sólo la pluma, que Él es el músico y tú eres sólo el violín, que Él es el escultor y tú sólo el cincel. Él es el que merece los aplausos… ¿o acaso has oído a alguien que le aplauda a un pincel, a un violín, a un cincel…?

Pienso que la vida es como un juego de pelota, en el que Dios nos lanza un balón para que se lo pasemos a los otros.

El balón son los talentos que Él nos da, que pueden ser muchos o pocos y que realmente, para el objetivo del juego, que es "pasar el balón a los demás" interesa muy poco si el balón es bonito o feo, grande o pequeño, brillante u opaco. Lo importante es que lo pasemos.

Fomentar la autoestima es algo tan tonto como pensar que, en el juego, Dios me pasa el balón y yo, en lugar de pasárselo a los otros, lo cacho y lo escondo, lo agarro para mí, me lo llevo a mi cuarto, lo limpio, lo contemplo, lo admiro, lo acaricio, lo beso, le aplaudo, lo envuelvo y luego… salgo a presumírselo a los otros, como algo mío, sintiéndome privilegiado y orgulloso "porque Dios me lo lanzó a mí".

¿Qué me dirán los otros?

-   Ya lo sabemos, vimos que Dios te lo lanzó, pero… no seas tonto y pásalo ya, ¡que de eso se trata el juego!

No echemos a perder el juego de Dios. Enseñemos a nuestros hijos a pasar el balón, casi sin verlo.

Termino con las palabras que pronunció la más grande de las mujeres, María, nuestra Madre Santísima, expresando las razones de "su autoestima":

"Mi alma glorifica al Señor y mi espíritu se llena de gozo en Dios mi salvador, porque se ha fijado en la humildad de su esclava. Desde ahora, Bienaventurada me llamarán todas las generaciones, porque el Poderoso ha hecho obras grandes en mí"

De ella, S.S. Benedicto XVI dice: "María es grande precisamente porque quiere enaltecer a Dios y no a ella misma" (*Deus Caritas Es*t 41)

Comentarios al autor: lucreciaplanas@gmail.com